RÈGLEMENT MINISTÉRIEL

DU 3 DÉCEMBRE 1889

RELATIF A LA

CONSTITUTION DU CADRE AUXILIAIRE

DES

OFFICIERS D'ADMINISTRATION

DU

SERVICE DES HOPITAUX MILITAIRES

SUIVI DU

PROGRAMME DES CONNAISSANCES A EXIGER

DES CANDIDATS

AU GRADE D'OFFICIER D'ADMINISTRATION ADJOINT DE 2e CLASSE

(26 Janvier 1893)

ET DU

DÉCRET DU 19 AVRIL 1898

SUR L'AVANCEMENT DES OFFICIERS D'ADMINISTRATION

PARIS

LIBRAIRIE MILITAIRE R. CHAPELOT et Ce

IMPRIMEURS-ÉDITEURS

SUCCESSEURS DE L. BAUDOIN

30, Rue et Passage Dauphine, 30

1899

RÈGLEMENT MINISTÉRIEL

DU 3 DÉCEMBRE 1889

RELATIF A LA

CONSTITUTION DU CADRE AUXILIAIRE

DES

OFFICIERS D'ADMINISTRATION

DU

SERVICE DES HOPITAUX MILITAIRES

SUIVI DU

PROGRAMME DES CONNAISSANCES A EXIGER

DES CANDIDATS

AU GRADE D'OFFICIER D'ADMINISTRATION ADJOINT DE 2ᶜ CLASSE

(Extrait du *Journal militaire*, 2ᵉ sem. 1889, n° 52)

PARIS

LIBRAIRIE MILITAIRE DE L. BAUDOIN ET Cᶜ

IMPRIMEURS-ÉDITEURS

30, Rue et Passage Dauphine, 30

1890

*Règlement ministériel relatif à la constitution du cadre auxi-
liaire des officiers d'administration du service des hôpitaux
militaires. (D. Serv. Santé; Hôpitaux.) [B. O., p. r., p. 1467.*

Paris, le 3 décembre 1889.

PREMIÈRE PARTIE.

OFFICIERS D'ADMINISTRATION.

Composition du cadre auxiliaire (réserve et armée territoriale).

Art. 1er. Le cadre auxiliaire du service des hôpitaux comprend des officiers d'administration de tous grades.

Conformément aux dispositions légales, ces officiers sont classés dans la réserve et l'armée territoriale, suivant leur demande et d'après les exigences du service, en tenant compte de leurs aptitudes physiques et professionnelles.

Les officiers d'administration principaux et les officiers de 1re et de 2e classe peuvent seuls être employés comme commandants de sections territoriales. Toutefois, ces fonctions peuvent être également confiées, le cas échéant, aux officiers d'administration adjoints de 1re classe, provenant du cadre actif, comme retraités ou démissionnaires.

Recrutement des officiers d'administration du cadre auxiliaire.

Art. 2. Les officiers d'administration du cadre auxiliaire se recrutent :

1° Parmi les anciens officiers d'administration du cadre d'activité, retraités ou démissionnaires ;

2° Parmi les anciens sous-officiers et engagés conditionnels d'un an appartenant, par leur âge, à la réserve ou à l'armée territoriale et proposés par leurs chefs directs.

Peuvent aussi être admis, sur leur demande, dans le cadre auxiliaire du service des hôpitaux, comme officiers d'administration adjoints de 2e classe, par voie de changement d'arme, les sous-lieutenants de réserve ou de l'armée territoriale des diverses armes, remplissant les conditions indiquées à l'article suivant et pourvus d'un certificat d'aptitude délivré par un médecin chef d'hôpital.

Les anciens officiers d'administration du cadre d'activité sont affectés au cadre auxiliaire au fur et à mesure de leur rentrée dans la vie civile.

Les sous-lieutenants de la réserve et de l'armée territoriale admis dans le cadre auxiliaire du service des hôpitaux, par voie de changement d'arme, sont nommés aux premiers emplois vacants.

Conditions d'admission.

Art. 3. Les candidats doivent avoir l'aptitude nécessaire aux travaux de rédaction et de comptabilité et présenter les garanties indispensables d'instruction générale, de conduite et de moralité.

Sous-officiers provenant des sections.

Art. 4. Chaque année, lors de la répartition du contingent, il est affecté aux sections d'infirmiers militaires un certain nombre d'hommes remplissant les conditions spécifiées à l'article 3 ci-dessus.

Ceux qui ont obtenu les galons de sous-officier et dont l'instruction générale, la conduite, la moralité et la manière de servir sont jugées satisfaisantes à l'inspection générale qui précède leur envoi dans leurs foyers, sont proposés pour le grade d'officier d'administration adjoint de 2e classe de réserve.

Ces propositions sont transmises, par le Ministre de la guerre, aux généraux commandant les régions de corps d'armée dans lesquelles les intéressés se sont retirés. Elles sont, après enquête, définitivement arrêtées et renvoyées au Ministre par ces officiers généraux.

Si les sous-officiers dont il s'agit changent de profession en rentrant dans la vie civile, cette circonstance devra être signalée, mais ne constituera pas un motif d'exclusion.

Autres sous-officiers et anciens engagés conditionnels. — Examens d'aptitude.

Art. 5. Pour les sous-officiers provenant des sections et pour les engagés conditionnels, des examens d'aptitude ont lieu, si besoin est, aux mois d'avril et de novembre de chaque année.

Les examens sont subis devant une commission présidée par un médecin principal ou un major de 1re classe, et composée de deux officiers d'administration pris, autant que possible, dans le service des hôpitaux.

Les épreuves consistent :

1o En une composition écrite comprenant une dictée et une question d'arithmétique ;

2o En un examen oral portant sur les matières contenues dans le programme ci-annexé.

Il est attribué des notes distinctes :

1o A la composition écrite ;

2o A l'examen oral ;

3o A l'aptitude physique et morale et à la situation personnelle ;

4o Aux services antérieurs.

L'échelle de notation est la suivante :

Très mal	0, 1
Mal	2, 3, 4
Faible	5, 6, 7
Passable	8, 9, 10
Assez bien	11, 12, 13, 14
Bien	15, 16
Très bien	17, 18
Parfait	19, 20

Le nombre des points résulte du produit obtenu en multipliant les notes respectivement par les coefficients indiqués ci-après :

Composition écrite	10
Examen oral	20
Aptitude physique et morale et situation personnelle	5
Services antérieurs	5

Les candidats qui n'ont pas obtenu, au minimum, la note moyenne 11 sont ajournés.

Le résultat des examens doit parvenir au Ministre (7e *Direction, Bureau des Hôpitaux*) quinze jours au plus après la clôture des opérations.

Mémoires de proposition.

Art. 6. Chaque candidat est l'objet d'un mémoire de proposition (Etat C, instruction du 28 décembre 1879) accompagné :

1º D'une copie certifiée conforme de l'état des services de l'intéressé et, pour les anciens engagés conditionnels, d'une copie du certificat d'instruction militaire ;

2º D'un extrait de l'acte de naissance sur papier libre ;

3º D'un extrait du casier judiciaire sur papier libre ;

4º De la composition écrite pour les candidats assujettis à l'examen d'aptitude.

Mode de classement.

Art. 7. Le classement des candidats proposés est arrêté par le Ministre de la guerre.

Les anciens sous-officiers des sections sont classés, entre eux, par rang d'emploi et d'ancienneté dans le grade de sous-officier.

Les candidats admis à la suite des examens d'aptitude sont classés, entre eux, d'après le nombre de points obtenus.

Mode de nomination.

Art. 8. Les candidats classés sont nommés officiers d'administration adjoints de 2e classe du cadre auxiliaire, suivant l'ordre de leur classement, au fur et à mesure des vacances qui se produisent dans les emplois à pourvoir en cas de mobilisation et, autant que possible, dans leur corps d'armée.

Les nominations aux grades supérieurs ont lieu dans les conditions fixées par le décret du 11 mars 1889, sur l'avancement dans le cadre auxiliaire des services administratifs.

Les tours de nomination sont réglés comme il suit :

POUR LE GRADE D'OFFICIER D'ADMINISTRATION PRINCIPAL.

1er, 2e, 3e et 4e *tours*. — Officiers d'administration principaux du cadre actif retraités ou démissionnaires.

5e *tour*. — Avancement.

POUR LE GRADE D'OFFICIER D'ADMINISTRATION DE 1re CLASSE.

1er, 2e, 3e et 4e *tours*. — Officiers d'administration de 1re classe du cadre actif, retraités ou démissionnaires.

5e *tour*. — Avancement.

POUR LE GRADE D'OFFICIER D'ADMINISTRATION DE 2e CLASSE.

1er *tour*. — Officiers d'administration de 2e classe du cadre actif, retraités ou démissionnaires.

2e *tour*. — Avancement.

POUR LE GRADE D'OFFICIER D'ADMINISTRATION ADJOINT DE 1re CLASSE.

1er *tour*. — Officiers d'administration adjoints de 1re classe du cadre actif, retraités ou démissionnaires.

2e, 3e, 4e et 5e *tours*. — Avancement.

POUR LE GRADE D'OFFICIER D'ADMINISTRATION ADJOINT DE 2e CLASSE.

1er *tour*. — Sous-officiers provenant des sections et sous-lieutenants de réserve et de l'armée territoriale.

2e *tour*. — Sous-officiers ne provenant pas des sections et anciens engagés conditionnels et sous-lieutenants de réserve et de l'armée territoriale.

Les anciens officiers d'administration du cadre actif peuvent être nommés en surnombre des maxima fixés pour chaque grade. Lorsqu'ils ne peuvent être nommés au tour qui leur est attribué par le présent article, ils sont nommés hors tour.

Périodes d'instruction obligatoires.

Art. 9. Les officiers d'administration du cadre auxiliaire peuvent, dans la limite des crédits budgétaires, être astreints à faire tous les deux ans une période d'instruction de vingt-huit jours, s'ils appartiennent à la réserve, et de quinze jours s'ils sont classés dans l'armée territoriale.

Les généraux commandant les corps d'armée ont la latitude d'échelonner les convocations pendant toute la durée de l'année.

Les intéressés doivent, toutefois, être prévenus au moins deux mois à l'avance.

Les officiers d'administration retraités sont dispensés d'accomplir des périodes d'instruction, à l'exception de ceux qui sont affectés à des commandements de sections territoriales.

Périodes d'instruction facultatives sans solde.

Art. 10. Les officiers d'administration du cadre auxiliaire peuvent, sur leur demande, être autorisés à accomplir des périodes d'instruction ne donnant droit à aucune solde ni indemnité, conformément aux dispositions du chapitre Ier de l'instruction du 8 avril 1889.

Places où doivent s'accomplir les périodes d'instruction.

Art. 11. L'officier accomplit ses périodes d'instruction dans une des places du corps d'armée auquel il est affecté en cas de mobilisation, ou, s'il n'y a pas d'hôpitaux dans ce corps d'armée, dans une des places désignées par le Ministre.

Toutefois, si un officier est exceptionnellement autorisé à faire son stage dans une place choisie par lui et autre que celle qui lui est normalement assignée en cas de mobilisation, l'indemnité de route à lui allouer ne saurait être supérieure à celle qui lui aurait été payée pour se rendre dans cette dernière. De plus, il ne peut prétendre à l'indemnité de résidence dans la place de son choix.

Les officiers du cadre auxiliaire domiciliés en France et affectés à l'Algérie ou à la Tunisie accomplissent leurs périodes d'instruction dans les directions ou établissements du service de santé de l'intérieur les plus rapprochés de leur domicile. Ils ne sont admis à les faire dans une autre direction ou établissements du service de santé de l'intérieur, de l'Algérie ou de la Tunisie que sous les réserves spécifiées au paragraphe précédent et sans pouvoir prétendre aux passages gratuits.

Avancement.

Art. 12. L'avancement des officiers d'administration du cadre auxiliaire est réglé par le décret du 11 mars 1889.

Situations.

Art. 13. Il est adressé au Ministre (7e *Direction, Bureau des Hôpitaux*), par chaque commandant de corps d'armée, tous les trois mois de chaque année (1er janvier, 1er avril, 1er juillet et 1er octobre), une situation nominative des officiers d'administration du cadre auxiliaire.

Cette situation doit faire ressortir, outre les nom, prénoms, grade et résidence, les formations ou postes auxquels ces officiers sont affectés en cas de mobilisation.

IIᵉ PARTIE.

ADJUDANTS D'ADMINISTRATION.

———

Adjudants du cadre auxiliaire.

Art. 14. Le cadre auxiliaire du service des hôpitaux est complété par des adjudants d'administration de réserve et de l'armée territoriale dont l'effectif est fixé par le Ministre de la guerre, suivant les besoins du service.

Recrutement.

Art. 15. Les adjudants d'administration du cadre auxiliaire se recrutent parmi les sous-officiers des sections d'infirmiers autres que les candidats au grade d'officier visés à l'article 4 et qui sont jugés aptes à cet emploi.

Chaque région pourvoit, à l'aide de ses ressources, au recrutement du nombre des adjudants d'administration correspondant aux fixations déterminées. En cas d'insuffisance dahs une région, le Ministre désigne la région qui pourvoira au complément.

Propositions.

Art. 16. La liste des candidats signalés comme susceptibles de devenir adjudants d'administration du cadre auxiliaire est établie au moment du renvoi de chaque classe et à l'époque de l'appel des classes de réservistes ou de territoriaux.

Extrait en est adressé, par l'intermédiaire des gouverneurs militaires ou généraux commandant les corps d'armée, aux directeurs du service de santé des gouvernements militaires ou corps d'armée dans lesquels résident les intéressés.

Les candidats présentés doivent remplir les conditions exigées à l'article 3 du présent règlement, sauf celles déterminées au dernier paragraphe dudit article.

Mode de classement.

Art. 17. Le directeur du service de santé de chaque corps d'armée tient le contrôle des sous-officiers domiciliés dans la région qui ont été proposés pour l'emploi d'adjudant d'administration.

Ce contrôle est distinct pour la réserve et l'armée territoriale.

Les candidats y sont inscrits par classe de mobilisation.

Mode de nomination. — Commissions.

Art. 18. Le directeur du service de santé, par délégation du général commandant le corps d'armée nomme aux emplois vacants. Les titulaires reçoivent des commissions conformes au modèle ci-annexé. Ces commissions sont toujours révocables ; elles rappellent que le grade d'adjudant n'est effectivement dévolu qu'au moment de la mobilisation.

Si une région fournit à une autre région, la commission est délivrée par le directeur du service de santé de la région du domicile, qui reste chargé de mobiliser ce personnel et de le mettre en route pour sa destination.

Avis des commissions ainsi délivrées est donné aux directeurs du service de santé intéressés.

Immatriculation.

Art. 19. Les adjudants d'administration commissionnés sont immatriculés à la section active ou territoriale d'infirmiers de la région de leur domicile, selon la classe à laquelle ils appartiennent.

Situations.

Art. 20. Il est fait mention *numériquement*, sur les situations semestrielles concernant les officiers d'administration de réserve et de l'armée territoriale, de l'effectif des adjudants d'administration du cadre auxiliaire existant dans le service des hôpitaux.

Dispositions transitoires.

Art. 21. Les sous-officiers et caporaux des corps de troupe proposés, par application des dispositions transitoires de la circulaire du 17 juillet 1888, pour l'emploi d'adjudant d'administration du service des hôpitaux, seront appelés, comme réservistes, à faire leur première période d'instruction dans un établissement hospitalier. Ceux d'entre eux qui auront été reconnus susceptibles d'être commissionnés adjudants d'administration seront, après cette période, désaffectés de leur arme d'origine et versés dans les infirmiers.

Abrogation des dispositions antérieures.

Art. 22. Toutes les dispositions antérieures et contraires au présent règlement sont et demeurent abrogées.

Fait à Paris, le 3 décembre 1889.

Le Ministre de la guerre,

Signé : C. DE FREYCINET.

(1)
(2)

COMMISSION d'adjudant d'administration
du cadre auxiliaire dans le service des hôpitaux militaires.

En vertu des ordres du Ministre de la guerre et par délégation
de M. le (3)   , le médecin (4)   ,
directeur du service de santé du (1)
commissionne, comme faisant fonctions d'adjudant d'administration du cadre auxiliaire pour le service des hôpitaux militaires,
le sieur (5)   , sergent à la   ͤ section
d'infirmiers militaires, domicilié à   ,
canton d   , département d   ,
classé   , nº   , au répertoire.

L'intéressé est informé que la présente Commission est constam-
ment révocable en temps de paix. Le grade d'adjudant lui sera
effectivement dévolu, mais seulement au moment de la mobilisation, sans qu'il soit besoin d'un nouveau titre.

Au jour de la mobilisation, fixé par l'ordre de route inscrit à
son livret, il se rendra au lieu qui lui est prescrit, où il recevra
une lettre de service lui faisant connaître son emploi.

A   , le   189 .

Le médecin   , directeur du service de santé,

(1) Corps d'armée *ou* Gouverneur militaire.
(2) Réserve de l'armée active *ou* Armée territoriale.
(3) Commandant de corps d'armée *ou* Gouverneur militaire.
(4) Inspecteur *ou* Principal de   ͤ classe.
(5) Nom et prénoms.

Programme des connaissances à exiger des candidats au grade d'officier d'administration adjoint de 2ᵉ classe du cadre auxiliaire dans le service des hôpitaux militaires. [B. O., p. r., p. 1476.]

Paris, le 3 décembre 1889.

1ᵘ ÉPREUVE ÉCRITE.

Une rédaction sur un sujet tiré du programme de l'épreuve orale.

2° ÉPREUVE ORALE.

Lois.

Loi du 15 juillet 1889, sur le recrutement de l'armée.

Lois sur l'administration de l'armée (16 mars 1882, 1ᵉʳ juillet 1889).

Loi du 3 juillet 1877, relative aux réquisitions militaires.

Règlements et décrets.

Règlement sur le service de santé à l'intérieur (25 novembre 1889) et en campagne, et notices y annexées.

Règlement sur le service intérieur des corps de troupe (28 décembre 1883).

Règlement sur le service des armées en campagne (26 octobre 1883).

Règlement sur le service dans les places de guerre et les villes de garnison (23 octobre 1883).

Décret du 1ᵉʳ décembre 1862, portant nouvelle organisation des troupes d'administration.

Règlement du 3 avril 1869, sur la comptabilité publique (décret du 18 novembre 1882).

Décret du 31 août 1878, sur l'état des officiers de réserve et de l'armée territoriale.

Décret du 11 mars 1889, réglant le mode d'avancement des officiers d'administration du cadre auxiliaire.

Décrets du 2 août 1877 et 23 novembre 1886, sur les réquisitions militaires.

Décrets relatifs à la Société de Secours aux Blessés, à l'Association des Dames françaises, à l'Union des Femmes de France.

Convention de Genève du 22 août 1864 et articles additionnels du 20 octobre 1868.

Règlement du 9 septembre 1888, sur la comptabilité des matières appartenant au ministère de la guerre.

Instruction du 23 décembre 1888, pour l'application de ce règlement.

Instruction du 12 avril 1889, relative au fonctionnement des officiers d'approvisionnement.

Instruction sur l'exécution des dispositions du Code civil et de divers décrets ou ordonnances applicables aux militaires de toutes armes (8 mars 1823).

Instruction ministérielle du 29 septembre 1888, relative au commandement et à l'administration des détachements d'ouvriers militaires d'administration et d'infirmiers militaires.

Paris. — Imprimerie L. Baudoin et Cᵒ, rue Christine, 2

PROGRAMME

des connaissances à exiger des candidats au grade d'officier d'administration adjoint de 2e classe du cadre auxiliaire du service de santé. (RÈGLEMENT DU 3 DÉCEMBRE 1889.)

Paris, le 26 janvier 1893.

━━━━━━━━◄○►━━━━━━━━

1° Épreuve écrite.

Une rédaction sur un sujet tiré du programme de l'épreuve orale.

2° Épreuve orale.

I. — ORGANISATION DE L'ARMÉE.

Décret du 1er décembre 1862, portant nouvelle organisation des troupes d'administration.

Loi du 24 juillet 1873, sur l'organisation générale de l'armée, modifiée par la loi du 21 juin 1890.

Loi du 13 mars 1875, sur la composition des cadres et des effectifs de l'armée.

Loi du 16 mars 1882, sur l'administration de l'armée.

Décret du 11 mars 1889, réglant le mode d'avancement des officiers d'administration du cadre auxiliaire.

Loi du 1er juillet 1889, portant autonomie complète du service de santé militaire.

II. — SERVICES GÉNÉRAUX DE L'ARMÉE.

Décret du 28 mai 1895, portant règlement sur le service des armées en campagne.

Décret du 4 octobre 1891, portant règlement sur le service dans les places de guerre et les villes ouvertes.

Décret du 20 octobre 1892, portant règlement sur le service intérieur des corps de troupe (infanterie).

III. — RECRUTEMENT.

Loi du 15 juillet 1889 et lois des 6 novembre 1890 et 2 février 1891.

IV. — ÉTAT DES OFFICIERS.

Loi du 19 mai 1834.

Décret du 31 août 1878, sur l'état des officiers de réserve et de l'armée territoriale.

V. — SERVICE DE SANTÉ.

Décret du 25 novembre 1889, portant règlement sur le service de santé à l'intérieur et notices y annexées.

Décret du 31 octobre 1892, portant règlement sur le service de santé en campagne et notices y annexées, spécialement les notices :

Nᵒ 1. — Convention de Genève ;
2. — Matériel du service de santé en campagne ;
3. — Marches, cantonnements et bivouacs ;
6. — Régime alimentaire ;
7. — Réquisitions militaires ;
5. — Evacuations ;
12. — Testaments des militaires ;
13. — Décès ;
16. — Fonctions de l'officier payeur ;
18. — Comptabilité.

VI. — SERVICE DES FONDS.

Règlement du 3 avril 1869, sur la comptabilité publique, et décret du 18 novembre 1882.

VII. — SERVICES DE LA COMPTABILITÉ-MATIÈRES.

Règlement du 9 septembre 1888, sur la comptabilité des matières appartenant au ministère de la guerre.

Instruction du 23 décembre 1888 pour l'application de ce règlement.

VIII. — RÉQUISITIONS.

Loi du 3 juillet 1877, sur les réquisitions militaires, modifiée par la loi du 5 mars 1890, et décret du 2 août 1877, modifié par les décrets des 23 novembre 1806 et 3 juin 1890.

IX. — TRANSPORTS.

Traité du 15 juillet 1891 pour l'exécution des transports ordinaires de la guerre.

Règlement du 18 novembre 1889, sur les transports ordinaires.

Règlement du 19 novembre 1889, sur les transports stratégiques.

X. — ADMINISTRATION DES CORPS DE TROUPE.

Instruction ministérielle du 29 septembre 1898, relative au commandement et à l'administration des détachements de commis et ouvriers militaires d'administration et d'infirmiers militaires.

Décret du 29 mai 1890, portant règlement sur le service de la solde et des revues (règles d'allocation).

XI. — SUBSISTANCES MILITAIRES.

Instruction du 24 janvier 1896, relative au fonctionnement des officiers d'approvisionnement.

DÉCRET

DU 19 AVRIL 1898

sur l'avancement des officiers d'administration de réserve et de l'armée territoriale du service des hôpitaux militaires.

I. — *Officiers d'administration de réserve du service des hôpitaux militaires.*

Art. 1er. Les officiers d'administration adjoints de 2e et de 1re classe de réserve peuvent obtenir de l'avancement jusqu'au grade d'officier d'administration de 1re classe inclusivement.

Art. 2. Les officiers d'administration adjoints de 2e classe de réserve peuvent être promus au grade d'officier d'administration adjoint de 1re classe de réserve quand ils ont accompli quatre années dans le grade d'officier d'administration adjoint de 2e classe.

Art. 3. Les officiers d'administration adjoints de 1re classe de réserve peuvent être promus au grade d'officier d'administration de 2e classe de réserve lorsqu'il ont accompli six années dans le grade d'officier d'administration adjoint de 1re classe.

Art. 4. Les officiers d'administration de 2e classe de réserve peuvent être promus au grade d'officier d'administration de 1re classe de réserve lorsqu'ils ont accompli deux années dans le grade d'officier d'administration de 2e classe.

Art. 5. Les officiers d'administration de 1re classe de réserve, provenant de l'armée active, peuvent, après six années de grade d'officier d'administration de 1re classe, être promus officiers d'administration principaux de réserve, s'ils ont été proposés pour ce grade à leur départ de l'armée active.

Art. 6. En temps de guerre, ou lorsqu'ils sont employés hors d'Europe, l'Algérie et la Tunisie exceptées, les officiers d'administration de réserve peuvent obtenir de l'avancement dans les mêmes conditions d'ancienneté que les officiers d'administration de l'armée active, mais au titre de la réserve.

II. — *Officiers d'administration de l'armée territoriale du service des hôpitaux militaires.*

Art. 7. Les officiers d'administration adjoints de 2e classe de réserve et de l'armée territoriale peuvent être promus officiers d'administration adjoints de 1re classe dans l'armée territoriale lorsqu'ils ont accompli quatre années dans le grade d'officier d'administration adjoint de 2ᵉ classe.

Art. 8. Les officiers d'administration adjoints de 1ʳᵉ classe de réserve et de l'armée territoriale peuvent être nommés officiers d'administration de 2ᵉ classe dans l'armée territoriale après avoir accompli six années dans le grade d'officier d'administration adjoint de 1ʳᵉ classe.

Art. 9. Les officiers d'administration de 2ᵉ classe de réserve et de l'armée territoriale peuvent être nommés officiers d'administration de 1ʳᵉ classe dans l'armée territoriale après avoir accompli deux années dans le grade d'officier d'administration de 2ᵉ classe.

Art. 10. Les officiers d'administration de 1ʳᵉ classe de réserve et de l'armée territoriale ne peuvent être nommés au grade d'officier d'administration principal dans l'armée territoriale avant d'avoir accompli six années dans le grade d'officier d'administration de 1ʳᵉ classe.

III. — *Dispositions communes aux officiers d'administration de réserve et de l'armée territoriale du service des hôpitaux militaires.*

Art. 11. L'avancement à tous les grades de la hiérarchie est donné exclusivement au choix.

Art. 12. L'ancienneté de grade des officiers d'administration de réserve ou de l'armée territoriale est déterminée par la date du décret qui les a nommés à leur grade, soit dans l'armée active, soit dans la réserve, soit dans l'armée territoriale, déduction faite des interruptions de services.

Art. 13. Le temps passé par les officiers d'administration de réserve ou de l'armée territoriale dans leurs foyers compte pour l'ancienneté de grade.

Le temps passé dans la position hors cadres et le temps de la suspension sont déduits de l'ancienneté.

Art. 14. Les officiers d'administration de réserve et de l'armée territoriale sont inscrits aux tableaux d'avancement et peuvent en être rayés dans les mêmes formes que les officiers d'administration de l'armée active.

Art. 15. Les dispositions antérieures contraires à celles du présent décret sont et demeurent abrogées.

Organisation de l'armée. — *Première partie :* Organisation générale de l'armée. — Dispositions générales (Loi du 24 juillet 1873). — Division militaire du territoire. — Places fortes. — Défense des côtes. — Edition mise à jour des textes en vigueur jusqu'au 1er mars 1898. Paris, 1898, broch. in-8. .... 1 fr.

Décret du 28 mai 1895 portant règlement sur le **service des armées en campagne**. Paris, 1898, 1 vol. in-18 cartonné .... 1 fr.
  Relié toile .... 1 fr. 25

Décret du 4 octobre 1891 portant règlement sur le **service dans les places de guerre et les villes ouvertes**. Edition mise à jour. Paris, 1898, 1 vol. in-18 cartonné .... 1 fr.
— *Le même*, relié toile .... 1 fr. 25

Décret du 20 octobre 1892 portant règlement sur le **service intérieur des troupes d'infanterie**. Edition mise à jour. Paris, 1898, 1 vol. in-18 cartonné .... 1 fr. 50
  Relié toile .... 1 fr. 75

Loi du 15 juillet 1889 sur le **recrutement de l'armée**, annotée et mise à jour (novembre 1897). Paris, 1897, broch. in-8 .... 50 c.

Etat des officiers. — **Conseil d'enquête** des officiers, sous-officiers et assimilés (armée active, réserve, armée territoriale). Edition mise à jour jusqu'au 1er juillet 1898, broch. in-8 .... 60 c.

Décret du 31 octobre 1892 portant règlement sur le **service de santé en campagne**. Edition originale exécutée par les soins de l'Imprimerie nationale. Paris, 1893, 1 vol. in-8 avec 44 planches gravées et de nombreux tableaux .... 4 fr.

Réglement du 3 avril 1869 pour servir à l'exécution, en ce qui concerne le département de la guerre, du **décret du 31 mai 1862 sur la comptabilité publique** et nomenclature des pièces à produire aux comptables du Trésor à l'appui des ordonnances et mandats de payement présentant l'analyse du mode d'administration et de comptabilité des divers services. Paris, 1872, 1 vol. in-8 avec de nombreux modèles .... 6 fr.

Décret du 18 novembre 1882 relatif aux **adjudications et marchés** passés au nom de l'Etat. Paris, 1883, broch. in-8 .... 30 c.

Réglement du 9 septembre 1888 sur la **comptabilité des matières** appartenant au département de la guerre. Instructions du 23 décembre 1888 pour l'application de ce règlement. Edition refondue et mise à jour. Paris, 1893, 1 vol. in-8 (sans modèles) .... 2 fr. 50

Réquisitions militaires. Edition refondue, conforme aux textes officiels, et comprenant la **loi du 3 juillet 1877**, la législation, les décrets, instructions, etc., qui l'ont modifiée, jusqu'au 5 août 1896. Paris, 1896, in-8 avec modèles.... 75 c.

Traité du 15 juillet 1891 avec les Compagnies de chemins de fer, pour l'exécution des **transports ordinaires du matériel de la guerre**, suivi de l'Instruction ministérielle du 31 juillet 1891, pour l'exécution du service des transports de la guerre en temps de paix. Paris, 1891, in-8 .... 75 c.

Instruction du 28 mai 1895 pour l'application du traité du 15 juillet 1891 pour l'exécution des **transports ordinaires du matériel de la guerre**, modifié par les avenants des 30 janvier 1894 et 10 mars 1895 et par les accords intervenus entre le Ministre de la guerre et les Compagnies de chemins de fer contractantes. (Notes ministérielles des 13 mai 1892 et 13 juillet 1894). Paris, 1895, broch. in-8 .... 60 c.

Décret du 29 mai 1890 portant règlement sur la **solde et les revues**. Edition mise à jour jusqu'au 1er juin 1897. Paris, 1897, 1 vol. in-8. Texte seul.. 1 fr. 50

Décret portant **règlement sur la solde et les revues. Modèles**. Edition mise à jour jusqu'au 1er août 1898. Paris, 1898, 1 vol. in-8 .... 3 fr. 50

Instruction ministérielle du 24 janvier 1896, relative à la **désignation, aux attributions et au fonctionnement des officiers d'approvisionnement**. Edition mise à jour. Paris, 1898, broch. in-8 avec barèmes, tableaux de conversions de rations et modèles de formules .... 1 fr.

AIDE-MÉMOIRE

DE

L'OFFICIER D'ADMINISTRATION

DU

SERVICE DES HOPITAUX MILITAIRES

PAR

L. CARDRON et A. LEMOINE

OFFICIERS D'ADMINISTRATION ADJOINTS DE 1re CLASSE

AVEC APPENDICE

CONTENANT

les Additions nécessaires et les Modifications survenues depuis l'impression de l'ouvrage

jusqu'au 1er juillet 1898

Paris, 1898, 1 vol. in-12 relié toile. . . . . **4 fr. 50**

AIDE-MÉMOIRE

DE

L'OFFICIER D'ÉTAT-MAJOR

EN CAMPAGNE

4e ÉDITION

PUBLIÉE PAR L'ÉTAT-MAJOR GÉNÉRAL DE L'ARMÉE

Seule édition officielle

Paris, 1896, 1 vol. in-12 relié en toile anglaise, avec élastique. . . **4 fr.**

Paris. — Imprimerie R. Chapelot et Ce, 2, rue Christine.

www.ingramcontent.com/pod-product-compliance
Lightning Source LLC
LaVergne TN
LVHW011049050726
842519LV00004B/1527